Jonas Ribeiro

Poesias recheadas de Ternura

Ilustrações

Ciranda
na Escola

Dados Internacionais de Catalogação na Publicação (CIP) de acordo com ISBD

R484p	Ribeiro, Jonas.
	  Poesias recheadas de ternura / Jonas Ribeiro ; ilustrado por Fê. - Jandira, SP : Ciranda na Escola, 2025.
	  40 p.: il.; 20,50cm x 27,50cm.
	
	  ISBN: 978-65-5384-564-0
	
	  1. Literatura infantil. 2. Afeto. 3. Acolhimento. 4. Carimbo. 5. Poesia. I. Fê. II. Título.	

2025-1473	CDD 028.5 CDU 82-93

Elaborada por Vagner Rodolfo da Silva - CRB-8/9410

Índice para catálogo sistemático:
1. Literatura infantil 028.5
2. Literatura infantil 82-93

Ciranda na Escola é um selo do Grupo Ciranda Cultural.

© 2025 Ciranda Cultural Editora e Distribuidora Ltda.
Coordenação editorial: Elisângela da Silva
Texto © Jonas Ribeiro
Ilustrações © Fê
Edição: Fabiana Oliveira
Revisão: Luciana Garcia e Adriane Gozzo
Projeto gráfico e diagramação: Fê
Produção: Ciranda Cultural

1ª Edição em abril de 2025
www.cirandacultural.com.br

Para os extraterrestres entenderem a ternura
que recheia a humanidade.

E para as crianças, os jovens e os adultos
que gostam de declamar poesias em escolas,
em praças, em tudo quanto é lugar...

Sumário

Ternura

De repente, armas,
tanques e guerras
viram bolhas de sabão.
Por alguns segundos,
essas bolhas flutuam,
mas logo estouram
na primeira parede que encontram.
Inacreditavelmente,
a maldade evapora,
some do mapa-múndi.
Não está mais
nem dentro das pessoas.
Pronto...
Estamos diante de um recomeço.
A vida voltou a ser leve.
A leveza paira no ar, feito ultraleve.
Há ternura em toda parte,
em cada povoado,
em todas as nações.

O músico e a Música

Ele se sentava ao piano
e fazia a música
do vento, da brisa,
da garoa, das ondas,
da cachoeira, do riacho.
Ele não era apenas um músico.
Ele era a Música.
Tocava com naturalidade.
Tocava como a natureza...

Miudinho e Pequerrucha

Eles se conheceram
na fábrica de móveis.
O banquinho era miudinho,
e a poltrona, bem gorducha.
Um encheu o outro de defeitos.
A poltrona achou o amigo
um desconforto só,
e o banquinho achou a amiga
espaçosa demais.
Um dia, algo mágico aconteceu.
A poltrona passou a gostar
do jeitinho miudinho do banquinho.
E o banquinho nem mais achava
a poltrona tão exagerada assim.
Ele, inclusive, só a chamava de Pequerrucha.
De repente, simultaneamente,
eles descobriram:
aquele emaranhado de sentimentos
só podia ser o amor, não havia dúvidas.
Eram suspiros e sorrisos demais.
Era Miudinho pra cá,
Pequerrucha pra lá.
Era, sim, uma história de amor.
E era uma história forte, macia,
até parecia livro de poesia.

A gostosura de fazer nada

O carro respirou fundo
e comunicou ao motorista:
– Tirarei férias para ficar inativo;
chame os carros de aplicativo.
O motorista estranhou o comunicado,
mas o considerou justo,
pois, mesmo feitos de aço,
carros sentiam cansaço.
Foi assim que, por um mês,
o tal carro ficou belo e folgado,
descansando na garagem,
fazendo simplesmente nada.

Meios de transporte

Marco gostava de barco.
João preferia avião.
Mas eis que passou um vento forte
e eles quiseram experimentar
outros meios de transporte:
João andou de barco,
Marco voou de avião.
Fez tão bem sentir tais meios
que marcaram mais passeios.
Marco voará de asa-delta.
João andará de metrô.

Uau...

Terça-feira, manhã ensolarada.
Luiz Otávio leva Quindim,
um cachorro de raça,
para uma volta na praça.
De repente, surge no céu
um majestoso zepelim.
Luiz Otávio olha para Quindim.
Quindim olha para Luiz Otávio.
Surpreendentemente, Quindim late
exatamente o que Luiz Otávio diz,
pois Quindim late um uau com empolgação,
e Luiz Otávio diz um uau com admiração.
O zepelim, por sua vez, passa.
Nem se incomoda com o espanto
do cavalheiro e do cachorro de raça.

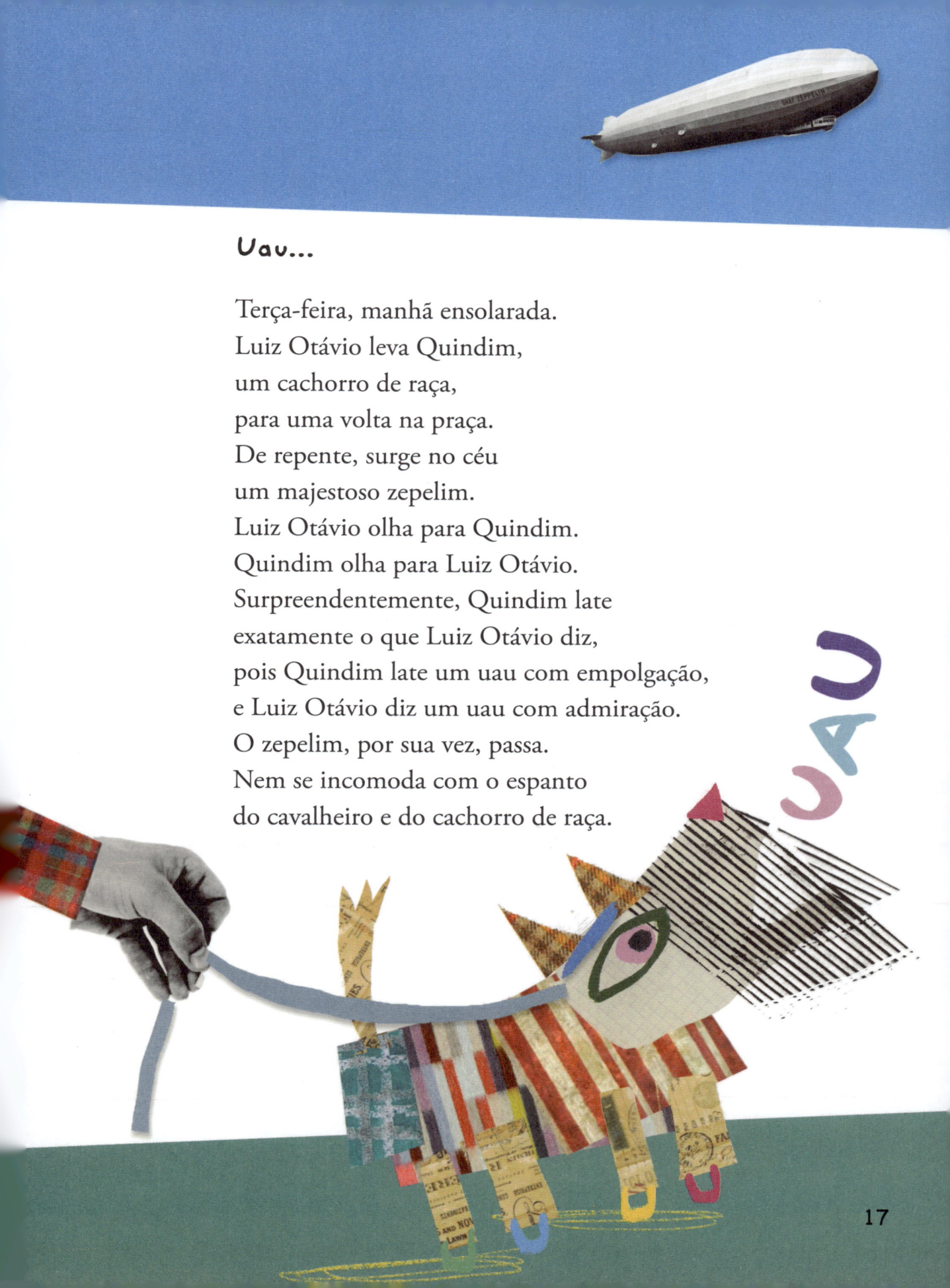

Tia esquisita e tio erudito

Tita era uma tia esquisita:
servia marmita para toda visita.
Tito era um tio erudito:
foi ao Egito montado num cabrito.
Tia Tita e tio Tito
tiveram dois filhos: Eva e Ivo.
Eva puxou ao pai;
era erudita e gostava de cabritos.
Ivo puxou à mãe;
era esquisito e preparava marmitas
com batatas fritas.

Caderno de revelações

O bolso interno do terno
guardava um caderno
onde eram registrados
os momentos eternos
do último inverno.

A saga de um selo salgado e empolgado

Silas observa o sol
entrar na sala.
Cruza as pernas
e vê um selo na sola
de seu sapato.
Estranha o selo ali.
E estranha muito mais
quando o selo explica:
– Vim para cá
com um vento do sul.
Morava num monte de sal,
numa distante salina.
Pelo tom da voz,
Silas sabe
que o selo diz a verdade.
Pelo olhar de Silas,
o selo sabe que ele acredita
em sua história.

O selo continua:
– Tenho um sonho.
Silas o questiona:
– Que sonho?
– O de morar no saleiro
e, num dia qualquer,
virar tempero de salada.
Havia doçura na voz do selo.
Silas o retirou da sola
e o colocou na ponta da língua.
Era mesmo um selo salgado.
Silas foi para a cozinha
e abriu o saleiro.
Deixou o selo no sal.
O selo sorriu:
lembrou-se da salina.
Sabia que,
mais cedo ou mais tarde,
seria usado para temperar salada.
Ele, um selo feito de sal,
abraçaria com empolgação
a salsinha e o salsão...

Tutu na toca do tatu

O tatu saiu da toca
e anunciou ao urubu:
– Viva eu! Viva tu!
Viva a couve com tutu!
O urubu, que estava jururu,
começou a dançar maracatu,
e tudo porque comeria
couve com tutu
na toca do tatu.

Sabores

Quero uma cereja já!
E maracujá com cajá!
Se não for já, acabam
a cereja, o cajá, o maracujá.
Acabam a mangaba e a jabuticaba.
...
Agora, sim, com tantas frutas
à minha frente,
nada mais quero imediatamente.
Quero apenas curtir
as mordidas, os sabores...

Dividindo delicadezas

Mamãe e papai
dividiram um
mamão papaia.

Avó Avelina e avô Allan
dividiram uma avelã.

O lápis pequenino da joaninha

A joaninha pousou num escritório
e leu a mensagem de fim de ano:

Prioridades

Tempo para amar.
Tempo para os amigos.
Tempo para a delicadeza.
Tempo para a música.
Para o silêncio, o trabalho
e o merecido descanso.
Tempo para acariciar o tempo.

A joaninha gostou do que leu,
mas faltava algo.
Ela retirou do bolso um lápis pequenino
e escreveu logo abaixo da mensagem:

Tempo para gritar, cantar, dar cambalhotas.
Tempo para falar abobrinha, contar lorotas.
Tempo para fazer nada
e voar sem direção...

A joaninha sorriu, guardou o lápis
e saiu voando por aí.
Não quis permanecer no escritório.
Queria voar,
sem precisar chegar a nenhum lugar...

31

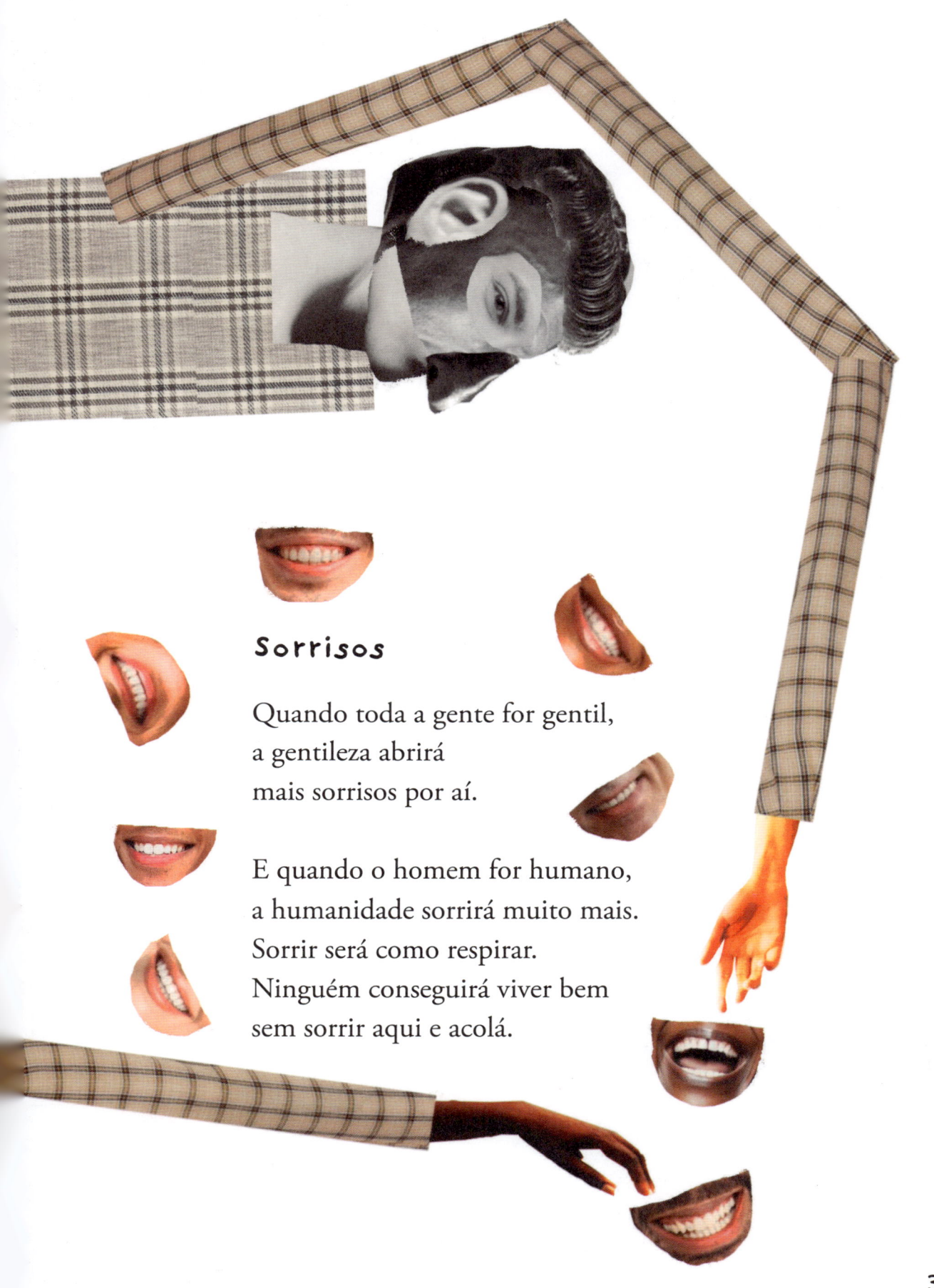

Sorrisos

Quando toda a gente for gentil,
a gentileza abrirá
mais sorrisos por aí.

E quando o homem for humano,
a humanidade sorrirá muito mais.
Sorrir será como respirar.
Ninguém conseguirá viver bem
sem sorrir aqui e acolá.

Majestosas

São mangueiras, mangabeiras, macieiras,
goiabeiras.
Coqueiros, embaúbas, carnaúbas, sumaúmas.
Jatobás, jacarandás, manacás, baobás.
Sibipirunas, quaresmeiras, cerejeiras, laranjeiras.
São guabirobas, ipês, abacateiros, juazeiros.
Pinheiros, ciprestes, muricis, buritis.
Chuvas-de-ouro, patas-de-vaca, açaís,
paus-brasis.
São sementes, raízes, caules, galhos, folhas,
flores, frutos.
São a síntese de muitas cores, a fotossíntese.
São as copas abraçadas, a sombra, o aconchego.
São as majestosas e acolhedoras árvores.

Show de bola!

Final de campeonato!
Arquibancadas lotadas.
No primeiro tempo, os jogadores
notaram que a bola era nova
e estava com a bola toda.
Era mesmo muito exibida.
Considerava-se a bola da vez.
De tanto empinar o nariz,
a bola começou a pisar na bola
e a rolar toda desengonçada.
Pobre bola! Não mais batia na trave
nem sacudia a rede.
Ficou murchinha, murchinha.
Felizmente, um torcedor berrou:
— Vamos lá, bola! Mostre jogo!
O berro levantou a bola da bola.
A bola deu um chute na arrogância
e mostrou um jogão.
Foi show de bola!
Os jogadores do time vencedor
fizeram questão
de dar a taça para a bola,
de tão bem que ela jogou.

Livro vivo

No reino de Quadradina,
os escritores começavam
uma história pelo começo.
Um dia, uma escritora
começou pelo final
e finalizou sua história
com o começo.
Os leitores amaram!
Aquilo, sim, era literatura.
Era um livro vivo, pulsante,
que conversava com cada leitor.
Depois desse livro,
outros escritores saíram do quadrado
e deixaram as fórmulas de lado.
Os livros escritos em Quadradina
nunca mais foram lambidos e enfadonhos.
Ao contrário, eram redondinhos.

Para todos

Passarinho pediu paz
não só para o seu ninho,
mas para os ninhos
de todos os passarinhos.

Jonas Ribeiro

Desejei escrever um livro feito de ternura. Para muita gente ler e para eu sair por aí declamando com gostosura alguns desses versos que aqui reuni.

E também porque poesia não é apenas um gênero literário.

É um jeito leve de levar a vida. Um jeito recheado de ternura, bem-estar, otimismo. Quem escolheu viver de maneira poética tem tempo para apreciar o amanhecer, o entardecer, o anoitecer. E que satisfação gigante a de contar novamente com a parceria do Fê. Depois de ilustrar *Poesias de dar água na boca*, ele agora ilustra estas *Poesias recheadas de ternura*.

São dois livros que dialogam e fazem um encaixe poético. Pelo selo Ciranda na Escola também publiquei outros livros, entre eles *Num tempo infinito...*; *As sutis camadas dos pensamentos de Nestor*; *Oceanos*; *Felicidade ziguezagueante*; *A leveza das pedras*; *A lesma que dialogava consigo mesma*; *Amigos do folclore brasileiro*; *João procura uma profissão.*

 oficialjonasribeiro

Fê

A cada livro que ilustro, novos horizontes criativos se abrem para mim. Foi assim no livro *Poesias de dar água na boca,* do Jonas Ribeiro, e agora nesta nova parceria.

Neste novo livro, *Poesias recheadas de ternura,* criei ilustrações muito coloridas, com técnicas muito livres, como colagens, pinturas, texturas, grafismo – todas elas digitais. Sempre brinco com as proporções. Costumo dizer que tenho olhar de criança, sempre enxergando o mundo com a proporção emocional e livre, principalmente trazendo humor e alegria nos personagens criados.

Além dos trabalhos como ilustrador, tenho vários livros escritos por mim.

A cada página virada, o leitor é convidado a interagir com as imagens e as poesias recheadas de ternura. Enfim, uma leitura muito divertida!

 feilustrador